Samuel Cogliati

NATURWEINE

Eine Definition

neontoaster craftwines distribution
Berlin

neontoaster craftwines distribution

Naturweine sind im Rahmen der globalen Weinkultur ein Nischenprodukt. Trotz ihrer geringen Zahl, sind sie heiß diskutiert und verursachen heftige Debatten und Ausgrenzungen, die oft nur auf Hörensagen beruhen. *neontoaster craftwines distribution* importiert und vertreibt seit 2014 natürliche italienische Weine in Berlin. Die alltäglichen Schwierigkeiten unser Angebot den Gastronomen und Konsumenten zu vermitteln, die Konfrontation mit einer Kundschaft, die nicht daran gewöhnt ist, die Qualitäten von Naturweinen, die natürlich und nicht industriell hergestellt werden, zu erkennen, brachten uns zu der Erkenntnis, dass die Veröffentlichung eines einfachen, didaktischen und verständlichen Buches zu diesem Thema ein hervorragender Weg ist, um zur Verbreitung eines bewussteren Weinkonsums in Deutschland beizutragen. Wir haben in *Possibilia Editore* und Samuel Cogliati Verbündete gefunden. Die deutsche Übersetzung seines Buches „Vini naturali- che cosa sono" wird sicherlich einen Beitrag zu der aufkommenden Debatte über natürliche, handwerkliche und saubere Weine leisten und einer wachsenden Zahl von Weinliebhabern zu einer alternativen und fesselnden Art des Weintrinkens verhelfen.

der Autor

Samuel Cogliati wurde 1976 in Lyon (Frankreich) geboren. Der Italo-Franzose ist Schriftsteller, Verleger und seit zwanzig Jahren Weinhändler. Er ist Gründer und Eigentümer des unabhängigen Verlags *Possibilia Editore*. Seit Jahren leitet er Kurse, Seminare und Meisterklassen, die dem Wein gewidmet sind.

Samuel Cogliati

NATURWEINE

Eine Definition

Aus dem Italienischen von
Giulia De Pascale und Cosima Kroll-Hendricks

neontoaster craftwines distribution

Vorwort

Als ich vor einigen Jahren anfing, mich mit so genannten "Naturweinen" [1] zu beschäftigen, war dieses Feld sowohl in Bezug auf die Produktion als auch insbesondere auf die Verbreitung und Thematisierung relativ unberührt. Tatsächlich stellten einige Winzer bereits Naturweine her „ohne es zu wissen“, da sie diesen Begriff nicht für sich beanspruchten.
Außerdem war dieser Begriff nicht in Mode und es bestand weder die Notwendigkeit ihn im Detail zu definieren noch seine kommerzielle Attraktivität voranzubringen.
Seit einem Jahrzehnt oder etwas mehr sind Naturweine so beliebt und *in* geworden, dass eine Definition äußerst wünschenswert geworden ist. Diese ist weniger für die Winzer, die wissen wie sie produzieren, nötig, als für diejenigen die die Naturweine kaufen und konsumieren sowie für die Vertreiber und womöglich auch an die Behörden denkend, die aufgerufen sind, die Produktion einzugliedern, zu kontrollieren und eines Tages gesetzlich zu regeln. Bisher gibt es in diesem Bereich weder bundes- noch landesweite Rechtsvorschriften, so dass noch nicht einmal klar ist, wer berechtigt ist, den Begriff Natur zu verwenden, welcher im Mittelpunkt fortlaufender Streitigkeiten und Kontroversen (sowohl inhaltlich als auch lexikalisch) steht sowie Repressionsversuchen und Missbrauch ausgesetzt ist.
Dieses Heft ist die überarbeitete und aktualisierte Version von *„Naturweine – Ein kurzer Führer, um zu verstehen was sie sind.“*, welches vor fünf Jahren von Stefano Sarfati, einem Weinhändler, der besonders auf Naturweine achtet und den ich sehr empfehlen kann, veröffentlicht wurde.

---

[1] Von nun an lasse ich die Anführungszeichen aus rein typografischen Gründen weg.

1. *Wie kann man Naturweine definieren und unterscheiden?*

Auf den ersten Blick könnte ein *Naturwein* wie ein redundanter Begriff erscheinen, denn jeder Wein sollte natürlich sein. Einer der Begriffe, die ebenfalls versuchen das Konzept der „Natürlichkeit" hervorzuheben, war *sortenrein*, welcher aber heutzutage in der Lebensmittelindustrie nur noch wenig gebraucht wird. Er wurde von dem *Natur*-Begriff nach und nach verdrängt, wenngleich auch dieser Name noch immer kontrovers betrachtet wird und je nach dem beschreibenden Produkt eine andere Bedeutung hat (Wasser, Joghurt, Aromen, Hundefutter, etc.). Manche argumentieren hingegen, dass es strenggenommen und semantisch betrachtet gar keinen Naturwein geben kann, da seine Herstellung menschliche Eingriffe voraussetzt.

Wenn wir an Reinheit denken, war der größte Schock diesbezüglich vermutlich vor dreißig Jahren der Skandal um die Verwendung von Methanol. In diesem Fall handelte es sich sogar um eine lebensgefährliche Verfälschung. Heutzutage jedoch geht es bei der Vermarktung des „Naturweins" weniger darum illegale Verfälschungen kategorisch auszuschließen, als vielmehr darum, sich von den zahlreichen (gesetzlich erlaubten) Praktiken zu unterscheiden, die den Wein aus der „Massenproduktion" zu einem landwirtschaftlichen Produkt unter vielen gemacht haben.

Vom Weinberg bis zum Keller erlaubt die Gesetzgebung eine Vielzahl physikalisch-chemischer Eingriffe, die wenig natürlich sind: chemische Behandlungen, Verwendung von Zusatzstoffen, Verarmung und Veränderung ursprünglicher Eigenschaften der Flüssigkeit etc. Pestizide, synthetische Düngemittel, Herbizide, die gleiche klonale Auswahl der Reben sowie alle önologischen Produkte und technologischen Eingriffe, die während der Weinproduktion erlaubt sind, entfernen den Traubensaft von einer linearen und nicht-invasiven Umwandlung in Wein.

Quantitativ gesehen stellen die Flaschen, die man „konventionell“ nennen könnte (ein weiterer umstrittener Begriff) eine überwältigende Mehrheit auf dem Markt dar. Dank der Verbreitung, der Argumente und des Erfolgs (manchmal auch widerrechtlich angeeignet) der Naturweine ändern sich dennoch allmählich einige Dinge.

Vorerst bleibt der Name *Naturweine* ein lexikalischer Kompromiss, der nicht gesetzlich anerkannt ist und mit dessen Bedeutung nicht alle einverstanden sind: Er zielt darauf ab, einen Wein zu bezeichnen, der umweltfreundlich und für den Konsumenten gesund hergestellt wird und welcher infolgedessen von besserer Qualität und einzigartigem Geschmack gekennzeichnet ist.

Wie andere Phänomene, die Alternativen zu einem Marktsystem darstellen, welches alles katalogisiert, reguliert, konformiert, zertifiziert und kontrolliert – den Dissens mit eingeschlossen – hat auch der Naturwein Proteste und Phasen der Repression durch die Behörden, die für die Überwachung von Lebensmitteln zuständig sind, erlitten.

Dies hat zu Bußgeldern und Gerichtsverfahren gegen Winzer und Vertreiber geführt.

Einerseits wurde argumentiert, dass der Begriff *Natur-* gesetzlich nicht bestimmt (und damit unzulässig) sei; andererseits argumentieren die Gegner des Naturweins, dass auch sogenannte "konventionelle" Weine natürlich seien, weil sie Produkte der Verarbeitung von natürlichen Rohstoffen seien.

Wir stehen also vor einem komplizierten Knoten, der nur schwer aufzulösen ist. Um dies tun zu können, werden wir uns Schritt für Schritt der Thematik annähern.

2. Ökologischer Anbau: eine erste Option

Das "Bio"-Label – inzwischen auch für viele agroindustrielle Lebensmittel weit verbreitet – ist das Einzige, das über eine institutionelle Zertifizierung verfügt, wenngleich es nicht ausreichend ist, um eine gesunde landwirtschaftliche Produktion, geschweige denn eine höhere Weinqualität zu gewährleisten.
Der biologische Anbau ist die bekannteste und am weitesten verbreitete Form der alternativen Anbaumethoden zu den seit einem halben Jahrhundert etablierten konventionellen Systemen. Bereits 1991 von der Europäischen Gemeinschaft geregelt, wird er seit dem 1. Januar 2009 durch die neue Europäische Verordnung 834/2007 sowie die ergänzenden Durchführungsbestimmungen definiert.
Bis vor wenigen Jahren galt die Bio-Zertifizierung jedoch nur für Landwirtschaft und Trauben, aber nicht für den Wein als Ganzes. Alle Produktionsschritte nach der Ernte - also die Vinifikation - wurden von dieser Regelung ausgeklammert. Nach mehr als zwanzig Jahren regulatorischen Vakuums, ab dem 6. Februar 2012 und ausgehend von den Weinen desselben Jahrgangs, wurde nun stattdessen der Begriff "Bio-Wein" eingeführt.

Allerdings mit einer enttäuschenden Abwärtsvereinbarung: Im Wesentlichen hat die Europäische Union Bio-Weinen fast identische Weinbereitungsstandards wie konventionelle Weine gewährt, mit Ausnahme von fast irrelevanten Maßnahmen (z.B. nur niedrigere, aber immer noch sehr hohe Höchstwerte für Sulfite - siehe S. 22). Aus diesem Grund garantiert der Bio-Wein an sich dem Verbraucher keine vollständige und zuverlässige Natürlichkeit.

Im Weinberg schließt der biologische Landbau synthetische chemische Substanzen aus: verbotene Düngemittel, Unkrautvertilgungsmittel oder synthetische Fungizide. Verbote, die eine klare Abgrenzung zur konventionellen Landwirtschaft darstellen (u.a. die *lotta integrata* (ital. "Integrierter Pflanzenschutz") und die französische *lutte raisonnée*), welche synthetische Düngemittel und Pestizide verwendet. Der biologische Anbau verbietet auch die Verwendung von gentechnisch veränderten Organismen (mit einer Toleranzschwelle von 0,9%, die stark kritisiert wird, auch wenn es offiziell keine gentechnisch veränderten Reben, GVO, auf dem Markt gibt). Bio erlaubt auch die Verwendung anderer tierischer oder pflanzlicher Substanzen (z. B. Mist und Kräutertees) für eine düngende, schützende oder heilende Funktion der Pflanzen.

Bio ist von autorisierten Stellen zertifiziert und hat ein offizielles europäisches Logo. Der Prozess vom Beginn der Umstellung bis zur Zertifizierung dauert mindestens drei Jahre, damit der Boden bereits angesammelte Schadstoffe entsorgen kann.

Die Basis der im Weinbau eingesetzten Schädlingsbekämpfungsmittel sind Schwefel und Kupfer (oder das so genannte "Bordeauxpulpe", Kupfer mit Kalkzusatz). Diese Substanzen werden von den Bio-Richtlinien akzeptiert, müssen aber mit Einsicht und Vorsicht verwendet werden, da eine Überschreitung bestimmter Mengen schädlich ist.

Anhänger der konventionellen Landwirtschaft argumentieren, dass kleine Dosen eines synthetischen Produkts "durch Kontakt" (das nicht in den Kreis der Lymphe der Rebe gelangt, sondern auf Blättern, Sprossen und Früchten verbleibt) weniger giftig sind als häufige Dosen von Kupfer oder Schwefel.

In Anbetracht der Dinge bleibt die biologische Landwirtschaft dennoch eine gute Alternative, um den Boden und die Pflanzen respektvoller, weniger invasiv und umweltfreundlicher zu behandeln und ihre biologische Aktivität zu fördern, was wiederum die Aufnahme von Nährstoffen (z.B. Mineralsalzen) durch die Rebe erleichtert. Leider ist dies nicht immer der Fall, denn das gesetzliche, zu weit gestrickte Netz dieser landwirtschaftlichen Praxis, wurde geschickt so konzipiert, dass es auf agroindustrieller Ebene angewendet werden kann. Darüber hinaus erlaubt die Verordnung von 2012 den einzelnen Staaten, bei ungünstigen Witterungsbedingungen Ausnahmeregelungen zu beantragen und damit die Regeln für konventionelle Weine einzuhalten. Im Weinbau haben einige Kontrollstellen interne Vorschriften, die Protokolle empfehlen, die restriktiver sind als die EU-Normen, ohne ihnen jedoch widersprechen zu können.

3. Biodynamische Praxis ein "Aufwärtsschritt"

In den 1920er Jahren gründete der österreichische Philosoph und Pädagoge Rudolf Steiner (1861-1925) eine neue landwirtschaftliche Methode: die Biodynamik. Seitdem hat sich diese Praxis weit verbreitet, wenngleich der Weinbau einer der letzten Bereiche war, in dem sie in der späten Nachkriegszeit angewandt wurde.

Wie der biologische Anbau lehnt auch die Biodynamik jedes synthetische Produkt ab, wendet aber eine komplexere, aktivere und auf ihre eigene Weise "invasive" Methode an, die auf philosophischen Annahmen und einer artikulierten Auffassung des Kosmos basiert. Die Biodynamik zielt darauf ab, Pflanzen zu helfen, indem sie sie anregt, die Energien des Universums zu ergreifen.

Hinter dieser Praxis steht der theoretische Ansatz der Anthroposophie (mehr oder weniger starr je nach Lesart des Bauern), welcher die Pflanze in ein Universum bringt, das sich im Gleichgewicht zwischen Nichtmaterie (Energie, Leben) und Materie (Tod) befindet. Die Materie kommt hier in vier Zuständen vor: mineralisch, wässrig, gasförmig und wärmeabfallend. Je näher die Pflanze dem festen Zustand kommt, desto näher ist sie an der Abwesenheit von Leben. Der reine Energiezustand hingegen, wie Wärme oder Licht – fast ungreifbar – sind für die Biodynamik ein Synonym für maximale Vitalität.

Das Auftreten einer Krankheit ist ein Symptom eines Ungleichgewichts, d.h. eines Gutes, das nicht mehr an seiner Stelle steht. Um Pflanzen zu behandeln und ihr Gleichgewicht und das ihrer Umwelt wiederherzustellen, verwendet die Biodynamik natürliche Hilfsmittel wie Kräutertees und Abkochungen, Lösungen in dynamisiertem Wasser* [2] , homöopathische Präparate* sowie die Beobachtung des Mondkalenders (von Maria Thun erstellt und auf den siderischen Rhythmus abgestimmt).

Das Ziel ist es, durch diese Lösungen, die Tugenden, die natürlicherweise in anderen Lebewesen und im Kosmos vorhanden sind, auf die Pflanze zu übertragen. Der Biodynamiker verwendet auch diagnostische Hilfsmittel wie empfindliche Kristallisationen*, die die Krankheit nicht quantitativ (numerisch), sondern qualitativ darstellen (es ist der Aspekt von Kristallisationen, der das gute oder schlechte Funktionieren eines Organismus offenbart/zeigt). Dies ist daher kein mathematisch-analytischer Ansatz.

Die Energien oder kosmischen Frequenzen, die der Biodynamiker aktivieren will, sind keine greifbare Materie, sondern unsichtbare Kräfte: keine Stoffe, sondern Eigenschaften. Deshalb kann eine unmerkliche - oft homöopathische - Menge eines dynamisierten Präparats*, das über eine große Bodenoberfläche verteilt ist, aus Sicht der exakten Wissenschaften ungerechtfertigte Auswirkungen haben. Letztere bleiben sehr kritisch und skeptisch gegenüber der Biodynamik. Für viele Verleumder hat es etwas Esoterisches (oder gar Mystisches) an sich. Verschiedene Studien, z.B. vom Forschungsinstitut für biologischen Landbau (FiBL) in der Schweiz, einer halbstaatlichen Struktur, haben jedoch gezeigt, dass unter gleichen Umweltbedingungen die agronomischen

---

[2] Alle mit * markierten Begriffe werden am Ende dieses Heftes im Glossar definiert.

Ergebnisse für die Biodynamik besser sind als für den ökologischen und konventionellen Landbau. Die biologisch-dynamische Produktion fällt nicht unter die europäische Gesetzgebung, sondern wird von privaten Stellen, meistens Verbänden wie beispielsweise Demeter zertifiziert, die die Einhaltung der einschlägigen Vorschriften garantieren (und auch eine Bio-Zertifizierung verlangen). Sie sind im Allgemeinen dadurch erkennbar, dass ihr Logo auf dem Etikett angebracht ist. Aus Sicht der Weinherstellung haben die einzelnen Zertifizierungsstellen interne Regeln, die darauf abzielen, die meisten der für konventionelle und biologische Weine allgemein zugelassenen önologischen Zusatzstoffe und technologischen Verfahren (Versauerung, Zugabe von Tanninen, Konzentration durch Umkehrosmose, Verwendung ausgewählter Industriehefen usw.) zu reduzieren oder zu beseitigen. Im Prinzip beschränkt sich ein biodynamischer Winzer also nicht nur auf die Anwendung der von dieser Praxis empfohlenen agronomischen Lösungen, sondern beobachtet auch eine minimal-invasive Weinbereitungsmethode, die mit diesem Ansatz der Weinbereitung übereinstimmt.

4. *Natürlicher Weinbau: ein Punkt der Synthese und der Ankunft*

Der biologische und der biodynamische Landbau haben demzufolge jeweils eigene Rahmenbedingungen, welche mehr oder weniger streng und mehr oder weniger respektvoll dem Ökosystem gegenüber sind. Wenngleich die sehr heterogene Bewegung der Naturweine durch die fehlende institutionelle Reglementierung lange vage und dadurch wenig „greifbar" geblieben ist, sind die Überzeugungen sowie die praktischen Entscheidungen der Winzer dieser Anbaupraxis klarer geworden und haben sich polarisiert. Insbesondere hat sich diese Bewegung in unterschiedlichen Verbänden zusammengeschlossen, welche interne Vorschriften diskutiert und ausgearbeitet haben, um zu reglementieren was im Weinberg sowie im Keller erlaubt oder verboten werden soll. Diese Vorschriften sind es, die schlussendlich festgelegt haben was ein Naturwein ist, zumindest nach Ansicht eines wesentlichen Teils der Akteure des Sektors. Dennoch weichen die Reglementierungen, Bestimmungen und Absichtserklärungen der einzelnen Verbände in mehreren Punkten voneinander ab oder geben unterschiedlichen Aspekten eine größere Wichtigkeit. Das Anliegen einer detaillierten Reglementierung des Anbaus von Naturweinen bleibt demnach umstritten, gibt Kritikern Raum und der Begriff *Naturwein* wird aufgrund einer mangelnden gesetzlichen Regelung weiterhin „nach Ermessen" derjenigen benutzt, die ihn produzieren und vermarkten. Daher bevorzugen Einige andere Adjektive wie beispielsweise *naked wine* (eng.: nackter Wein), während wiederum andere dieses Konzept missbräuchlich kommerziell ausnutzen.

Abschließend lässt sich jedoch festhalten, dass, im *Idealfall*, der Naturwein ohne den Einsatz synthetischer Stoffe im Weinberg angebaut, natürlich nur mit einheimischen Hefen fermentiert und ohne önologische Zusatzstoffe im Keller hergestellt wird, mit Ausnahme kleiner Mengen an Sulfiten (Schwefeldioxid, Kaliumdisulfit), die schwer vollständig zu entfernen sind. So ist dies beispielsweise der von VinNatur (IT) und Avn (Association des vins naturels, FR) vorgeschlagene Leitfaden; radikalere Interpretationen schließen jegliche Menge an zugesetzten Sulfiten aus.
Zertifiziert oder *de facto* ist ein Naturwein also das Ergebnis biologischer oder biodynamischer Methoden. Im Umkehrschluss jedoch muss es sich nicht bei jedem Wein aus kontrolliert biologischem Anbau um Naturwein handeln, da das Geflecht der geltenden Rechtsvorschriften recht permissiv ist, insbesondere in Bezug auf die Weinherstellung.
Die letzte Debatte zu dieser Katalogisierung ist die Frage der Strenge, mit der der Natur-Begriff interpretiert wird. So stellt sich zum Beispiel die Frage, ob eine Weinflasche aus einer im Wesentlichen gesunden Landwirtschaft, die ohne önologische Zusatzstoffe hergestellt wird, deren Weinberge aber kleine und sporadische Dosen synthetischer Phytopharmaka erhalten haben, als natürlich angesehen werden kann. Die Antwort darauf wird von zwei unterschiedlichen Ebenen betrachtet: Zunächst einmal wird sie aus Sicht der Produktion von der Unnachgiebigkeit abhängen, die angewendet werden soll. So entlassen einige Verbände beispielsweise Mitglieder, bei denen in einer Kontrolle Pestizidrückstände festgestellt wurden, während andere lediglich Selbsterklärungen oder mündliche Zusagen an Stelle von Kontrollen vorsehen. Nicht zuletzt wird der

Konsument auf der sinnlichen Ebene Richter des Produkts sein, der wahrscheinlich keine empfindlichen Geschmacksfolgen aufgrund gelegentlicher Behandlungen im Weinberg erkennen wird, jedoch den Geschmack eines zu „technischen“ Weins zu unterscheiden weiß. Letzteres betrifft die Nutzung, auf die im weiteren Verlauf des Textes eingegangen wird (S. 32ff.).

5. Der Kern der Sache: Herstellung eines gesunden und hochwertigen Weins

Die bloße Anwendung eines biologischen oder biodynamischen Protokolls kann weder ausreichen, um das Konzept einer rundum natürlichen Produktion zu respektieren, noch um gute Weine zu gewinnen, denn viele landwirtschaftliche und Winzer-Handlungen vervollständigen diesen Ansatz.
Oftmals verfolgt der Winzer, der sich aufrichtig für eine natürliche Produktion entscheidet, einen Weg, der aus verschiedenen Facetten besteht. Es gibt hingegen auch diejenigen, die "Bio" vor allem zu einem Marketingargument machen und sich darauf beschränken, die diesbezüglichen sanften Vorschriften einzuhalten. Die Ergebnisse dieser beiden Ansätze sind im Allgemeinen recht weit voneinander entfernt. So sehr, dass einige Hersteller, die auf natürlichste Weise tätig sind, die Zertifizierung unterlassen oder ausdrücklich ablehnen: Sie halten sie für nutzlos und behaupten, dass sich viele von ihnen auf bloße, lästige bürokratische Schritte beschränken, anstatt aktiv in die Kontrollen vor Ort einzugreifen. Hingegen fehlt es nicht an konventionellen Produzenten, die gut begründete agronomische Entscheidungen treffen. Die Grenze zwischen diesen beiden "Labels" ist nicht immer so klar und friedlich.
Aus gesundheitlicher Sicht – eng verbunden mit der Qualität des Produkts – sind vor allem die **Erträge** von entscheidender Bedeutung, d.h. die Menge der Trauben, die Sie von jeder Rebe produzieren lassen wollen. Es ergibt keinen Sinn, den biologischen Weinbau zu betreiben und gleichzeitig die Pflanze

so zu nutzen, dass sie so viel wie möglich produziert, wie es manchmal die Agroindustrie tut. Je gestresster eine Rebe ist, desto mehr Möglichkeiten hat sie, krank zu werden, was den Winzer dazu veranlasst, Pestizide* oder "natürliche" Mittel einzusetzen oder zu missbrauchen, die jedoch dem Ungleichgewicht in der Ursache des Symptoms nicht vorbeugen. Die ökologische, gesunde und qualitative Produktion muss das Gleichgewicht jedes Weinbergs*, jeder Weinrebe*, jedes Terroirs* und jedes Weinjahrs respektieren und die Traubenmenge pro Hektar und vor allem pro Pflanze anpassen.
Die Wahl des **Pflanzenmaterials**, d.h. die Art der Rebe sowie ihre Unterlage*, steht in direktem Zusammenhang mit den Erträgen. Die Unterlage muss zum einen für den Boden und die Rebe geeignet sein, zum anderen aber auch aufgrund der ihr innewohnenden Eigenschaften ausgewählt werden. Häufig wird von Landschaftsgärtnern die Quantität der Qualität vorangestellt und sie wählen Unterlagen aus, die bei der Rebe zu einer hohen anstelle von einer guten Traube führen.
Was die Rebe betrifft, so ist es sehr wichtig zu wissen, wie man einzelne Pflanzen auswählt: Die Verwendung von **Klonen*** - die mit Abstand häufigste Lösung - beeinträchtigt die Biodiversität des Weinbergs und infolgedessen die Komplexität des Geschmacks.
Des Weiteren ist bezüglich des Gleichgewichts im Anbau ist der **Rebschnitt*** wichtig. So gibt es verschiedene Arten der Beschneidung, von denen sich weder alle für die für die Herstellung von Qualitätstrauben noch für alle Rebsorten eignen. Es ist unerlässlich das richtige Beschneiden, der Tradition eines Ortes, den Umwelteigenschaften und der Rebe entsprechend, zu ermitteln und es zum richtigen Zeitpunkt durchzuführen (z.B.

nicht zu früh), um die Auswirkungen von Krankheiten einzuschränken und die Erträge an die Veranlagungen der Pflanze anzupassen.

Hinzu kommen noch andere entscheidende Praktiken: von der Wahl der **Landmaschinen** (z.B. verdichten und beschädigen schwere Traktoren den Boden; es ist besser, leichte Fahrzeuge zu benutzen oder Pferde zu bevorzugen) bis hin zu **Ernteverfahren** (die mechanisierte Ernte beschädigt die Trauben und erlaubt keine genaue Sortierung), ganz zu schweigen von der Wahl des *Cultivars**, die banal erscheinen mag, dies jedoch keineswegs ist. **Weinreben** sind in der Tat nicht frei austauschbar: Die Entscheidung für eine Sorte, die ungeeignet und in der Region fremd ist (z.B. Pinot Noir in Sizilien oder Chardonnay in Apulien), erschwert die Arbeit des Winzers erheblich und führt zu agronomischen Problemen im Ursprung, die nach kontinuierlichen Gegenmaßnahmen und Linderungsmitteln verlangen. Ein "angeborenes" Problem zu lösen, ist kein guter Anfang ...

Auch die Einschätzung der Erntezeiten ist nicht unbedeutend: Offensichtlich kann ein Wein, der nach einer hohen Qualität trachtet, nicht das Ergebnis unreifer Trauben sein, hingegen auch nicht das von Trauben, die zu lange nach der idealen Reife geerntet wurden, welche wiederum von dem gegebenen Umfeld sowie dem Jahrgang abhängig ist. Schlussendlich wird die Auslese von ausschließlich gesunden Trauben auf dem Weinberg und im Keller die Suche nach Qualität vervollständigen und den Einsatz von Sulfiten einschränken.

Naturweine müssen daher von einem "biologischen" oder biodynamischen Weinbauansatz ausgehen (zumindest im tatsächlichen Anbau, wenn nicht mit Zertifizierungen) und auch

die weiteren, hier genannten Aspekte berücksichtigen, die oft nicht angemessen geregelt, aber im Streben nach Gesundheit und Qualität entscheidend sind. Eine Verbindlichkeit, die auch während der Weinbereitungsphase mit der gleichen Konsequenz eingehalten werden muss.
In der Tat gibt es bei der Weinherstellung unterschiedliche Grade der "Natürlichkeit", je nach der Strenge und Unnachgiebigkeit des Winzers. Eine Schwankung, die eben durch das Fehlen offizieller Vorschriften ermöglicht wird.

6. Die Wichtigkeit der Vinifikation

Ein Winzer, der das Terroir respektiert und wertschätzt, hat jedoch sein Werk noch nicht vervollständigt. Wenngleich es unmöglich ist, einen guten Wein aus schlechten Trauben herzustellen, so kann man jedoch sehr gute Trauben verschwenden und aus ihnen einen mittelmäßigen Wein herstellen. Viele Weinproduzenten sagen es gehe im Weinkeller „lediglich“ darum, so wenig Schaden wie möglich anzurichten und das Gute, das der Weinberg hervorgebracht hat zu bewahren. Dies mag eine vereinfachende These sein, sie ist aber nicht unbegründet.

Zunächst kommt eine Ernte weder zu früh noch zu spät zur **Vollreife**. Es gibt auch diejenigen, die die Trauben im Voraus ernten, um die Wetterrisiken des Spätsommers zu verringern oder um die Schäden zu begrenzen, die durch die strukturelle Unmöglichkeit einer zufriedenstellenden Reifung verursacht werden; andere warten jedoch zu lange, in der Überzeugung, dass eine aufgeschobene übertriebene Reifung automatisch einen besseren Wein ergibt. Eigentlich ist die ideale Reife ein schwieriger Punkt des Gleichgewichts zwischen Zuckergehalt, Säure, Salzgehalt sowie phenolischer und aromatischer Konzentration der Beeren, der einige Tage andauert und durch eine Verkostung der Trauben schon vorher mit ausgeklügelten Laboranalysen geschätzt werden kann.

Die Ernte und Auswahl der Trauben **von Hand** ist eine kluge Entscheidung, denn die Erntemaschine ist abrupt, ungenau, nicht selektiv und kann die Handarbeit nicht ersetzen, sondern nur grob nachahmen.

Nach dem Keltern oder Pressen der Trauben beginnt die Gärung, die den Zucker in Alkohol umwandelt. **Einheimische Hefen***, die auf den Trauben und im Keller anwesend sind, lösen diesen Prozess natürlich aus, aber die meisten Produzenten verwenden lieber ausgewählte Hefen, die von der Weinindustrie produziert werden.
Diese ausgewählten Hefen reduzieren Unsicherheiten, Variablen und Risiken der natürlichen Gärung (ein komplexes Phänomen, das in seinen möglichen Abweichungen teilweise unvorhersehbar ist), verarmen aber das aromatische Profil des Weins, bis hin zur Abflachung auf eine begrenzte Anzahl von allgemein akzeptierten Aromen im Extremfall. „Naturweinproduzenten" bevorzugen daher ihre eigenen einheimischen Hefen.
Auch viele weitere Prozesse können den Naturwein in der Herstellung beeinträchtigen und das Endprodukt ernsthaft schädigen: induzierte Weinsteinfällung (abruptes Einfrieren der Trauben zur Beseitigung harmloser, kristallisierbarer Salze); Klärung (Zwangsklärung mit Substanzen wie Fischleim oder Bentonit); Filtration (durch mehr oder weniger enge Membranen, die manchmal steril sind); übermäßiger Zusatz Schwefeldioxid (zur Stabilisierung und "Desinfektion" des Weins); Säurebildung (Zusatz von Weinsäure); Entsäuerung (mit Calciumcarbonat); Zugabe von exogenen Tanninen (in Pulver oder flüssig); Zuckerung von Traubensaft (mit rektifiziertem konzentriertem Mostkonzentrat, ein Produkt der Weinindustrie, um den Alkoholgehalt des Weins zu erhöhen); Verwendung von Umkehrosmose am Most (Zwangsdurchgang des Saftes durch eine Membran, um eine konzentriertere Flüssigkeit zu erhalten);

Verwendung ausgewählter Enzyme oder Bakterien (mit verschiedenen Hilfsstoffen bei der Weinherstellung), usw. ...
Viele Weine durchlaufen mehrere dieser Behandlungen, die manchmal miteinander korrelieren, weil die Anwendung von einer die einer anderen impliziert. Es ist offensichtlich, wie sehr sie das Endprodukt verzerren.
Der „Naturweinproduzent“ verzichtet offensichtlich auf diese zusätzlichen oder invasiven Praktiken und folgt dem Prinzip, dass eine gesunde und reife Traube, gepresst und in einem Weinkeller gelagert, von selbst fermentiert. Genau genommen entsteht der Wein nicht vollends allein: Der Winzer hat die heikle Aufgabe, sich um die Hygiene zu kümmern, zu beobachten und einzugreifen, speziell bei Problemen, die immer vorkommen können, wenn dies auch bei guten Trauben weniger wahrscheinlich ist. Tatsächlich ist es notwendig zu entscheiden, wie lange die Mazeration des Tresters im Wein dauern soll, wann er entnommen (d.h. dekantiert) werden soll, welche Behälter verwendet werden sollen, wie lange die Reifung dauern soll, wann er abgefüllt werden soll, wie viel eine Flasche vor dem Verkauf verfeinert werden soll... Wenn der Winzer all diese Schritte nüchtern und feinfühlig durchführt, wird der Wein reiner, ausdrucksstärker und bekömmlicher.

Ein misshandelter oder ausgebeuteter Weinberg hingegen liefert einen Most, der bei der Vinifikation unterstützt und korrigiert werden muss, was einen Teufelskreis auslöst.

Die Sulfite

Sulfite (Schwefeldioxid oder andere verwandte Stoffe wie Kaliumsulfat) sind antiseptische und stabilisierende Zusätze, doch für den Menschen giftig. Ihr Einsatz ist in der Önologie fast systematisch, wenngleich es keine neue Entdeckung ist: In der Vergangenheit verwendeten die Winzer Schwefel in verschiedenen Formen für denselben Zweck.

Seit dem Jahrgang 2004 verlangt das Gesetz, dass das Vorhandensein von Sulfiten auf dem Etikett angegeben wird, ohne dass die Menge angegeben werden muss. Eine spöttische Einschränkung, denn die Zugabe von 20 oder 100 Milligramm SO2/Liter stellt einen erheblichen Unterschied aus Sicht der Gesundheit des Produkts, aber auch aus Sicht des Geschmacks dar.

Darüber hinaus produziert die alkoholische Gärung spontan Sulfite und erzeugt ein weiteres Paradoxon: Die seltenen "Natur-" Winzer, die überhaupt keine Sulfite hinzufügen, haben nur die riskante Möglichkeit, auf dem Etikett darauf hinzuweisen, dass der Wein "ohne Zusatz von Sulfiten" hergestellt wurde, eine Formulierung, die von den Behörden höchstens toleriert, aber manchmal gleichermaßen angefochten wird.

Seit einiger Zeit wird lebhaft über die tatsächliche Notwendigkeit dieser Stoffe diskutiert. Wenngleich ein Wein ohne Zusatz von Sulfiten zweifellos gesünder ist, gibt es diejenigen, die sagen, dass die Verwendung kleiner Mengen nützlich ist, um ihn vor bakteriellen Abweichungen zu schützen, um linearere und präzisere Fermentierungen zu erzielen, um ein stabileres Produkt zu erhalten, das besser konserviert ist, aufgrund dessen aber nicht unverdaulich oder weniger gut.

Die Naturweinbereitung tendiert natürlich zu einer moderaten Nutzung, und einige Winzerverbände haben Regeln für die nicht zu überschreitenden Grenzwerte festgelegt (in der Regel etwa 30-40 mg/Liter; zum Vergleich: Die Bio-Weingesetzgebung erlaubt bis zu 100 mg/Liter für Rotweine und 150 mg/Liter für Weißweine, während für "konventionelle" Weine bis zu 150 und 200 mg/Liter, bei Süßweinen sogar mehr erlaubt sind).

7. Ausdruck des potenziellen Terroirs

Die Regeln des ökologischen Landbaus respektieren, Biodynamik praktizieren, die richtigen Entscheidungen im Weinberg treffen, um das ökologische Gleichgewicht herzustellen und zu erhalten, eine nicht invasive, sondern kompetente Weinbereitung betreiben... Sind diese Handlungen unter dem Gesichtspunkt der Weinqualität wirklich effektiv oder lediglich rhetorisch? Und vor allem: Hilft „Naturwinzer" zu sein wirklich das Potenzial eines Ortes auszudrücken? Die Antwort ist einfach und klar: „Naturweinbauentscheidungen" führen oft zu besseren Trauben. Eine bessere Traube ist nicht nur eine gesündere und reifere Pflanze, sondern auch eine Frucht, in der viele Faktoren, die die Qualität des Weins bestimmen, besser und harmonischer konzentriert sind, angefangen bei Aromen und Mineralsalzen.

Es sind nicht nur Alkohol und Dichte, die die Qualität einer Flasche ausmachen. Sie setzt sich aus einem weinbaulichen Gleichgewicht, das im Keller nicht künstlich nachgebildet werden kann, zwischen den in einem fermentierten Traubensaft enthaltenen Elementen zusammen: Wasser, Alkohol, Säuren, Mineralsalze, Extrakte (hauptsächlich Polyphenole, einschließlich Tannine, aber auch Kolloide) und Aromastoffe, die hauptsächlich für seinen Duft verantwortlich sind.

Es scheint offensichtlich und logisch, dass eine Rebe, die frei von Pestiziden, Düngemitteln und anderen synthetischen Produkten ist, die nach einem ausgewogenen agronomischen Management und auf einem gesunden und vitalen Land bewirtschaftet wird, die Vielzahl an Stoffen, die den Geschmack bestimmen, besser in den Trauben sammelt. Ziel ist es, sie

harmonisch, proportional, elegant, expressiv und organoleptisch zu kombinieren.
Je weniger Hindernisse und Abschirmungen der Mensch seiner natürlichen Umgebung – dem *Terroir** – in den Weg legt, desto einfacher ist es für die Pflanze, die Qualitäten aufzunehmen und auf die Trauben zu übertragen. Die Kombination "natürlicher" landwirtschaftlicher Praktiken ermöglicht beispielsweise eine bessere Photosynthese, eine tiefere Verwurzelung und die damit verbundene Aufnahme von Mineralien aus dem Boden, den Austausch von wertvollem genetischem Material zwischen den Reben, eine ausgewogene Verteilung der Produktionslasten und damit der qualitativen Substanzen in den Trauben. Schließlich ermöglicht eine Vinifikation mit spontanen Hefen, ohne Zusatzstoffe oder Ausspülung, die Umwandlung dieses Rohstoffs in einen Wein, der sich durch das Potenzial des Ortes, des Jahrgangs und der Rebe auszeichnet, welche einfach von der Hand des Winzers respektiert und "begleitet" werden.
Eine solche Wahl schützt vor der Standardisierung des Geschmacks – die hingegen die additive Önologie und der konventionelle, kurzsichtige Weinbau unterstützen – und spiegelt frei und authentisch die unwiederholbare Einzigartigkeit eines jeden Weinbergs wider. In diesem Sinne können wir durchaus von "Ausdruck des Terroirs" sprechen.

8. *Die Verdaulichkeit des Weins*

Alkohol ist vor allem für die Leber eine giftige Substanz. Es scheint inzwischen jedoch klar zu sein, dass Wein auch viele nützliche Substanzen enthält, wie phenolische Verbindungen (Antioxidantien), einige Vitamine, bestimmte Mineralien und denselben Alkohol, der in kleinen Mengen für das Herz-Kreislauf-System nützlich ist. Das populäre italienische Sprichwort „*buon vino fa buon sangue*" (guter Wein macht gutes Blut) ist daher begründet. Dies gilt jedoch nur solange es sich um gesunde Weine handelt, die in kleinen Mengen (ein oder zwei Gläser pro Tag) getrunken werden. Hingegen haben inzwischen zahlreiche Studien und Analysen neben der Toxizität von Alkohol und Sulfiten eindeutig das Vorhandensein von mehreren Pestizidrückständen und sogar Schwermetallen in den meisten konventionellen Weinen nachgewiesen.

Wein kann jedoch nicht als Lebensmittel im engeren Sinne betrachtet werden: Er wird nicht (mehr) zu Ernährungszwecken getrunken. Auch weil er schwer verdaulich ist: Säuren (Wein ist reich an ihnen), Alkohol und Sulfite sind allesamt reizende oder giftige Substanzen, die Magen, Darm, Leber und Gehirn belasten, vor allem, wenn man mit den Mengen übertreibt. Sie sind hauptsächlich für die berüchtigten Kopf- und Bauchschmerzen verantwortlich.

Unter diesem Gesichtspunkt ist ein „Naturwein" leichter zu verdauen und aus dem Körper zu entfernen als ein konventioneller Wein. Es geht nicht nur um Sulfite: Was den Naturwein bekömmlicher macht, ist auch die geringe Veränderung seines ursprünglichen Gleichgewichts und seiner

Struktur sowie der geringe (oder nicht vorhandene) Gehalt an schädlichen "Nebenprodukten". Die zahlreichen önologischen Behandlungen und Zusatzstoffe, die durch die Gesetzgebung zugelassen sind, verbessern sicherlich nicht die Verdaulichkeit. Die Trauben sind nicht von großer Qualität: Sie sind nicht reif, krank, mit Pestiziden behandelt oder vielleicht mit allen drei dieser Mängel.

Die größere Bekömmlichkeit der Naturweine sollte jedoch nicht missverstanden werden: Wein ist kein harmloses Produkt und sollte mit Bedacht getrunken werden.

Was eine Flasche Wein enthalten kann

„Konventionell“	Biologisch	„Biodynamisch "**	„Natur“
Zitronensäure / L(+) Weinsäure / L-Ascorbinsäure / L-Maleinsäure D, Apfelsäure / Milchsäure / Metatarsäure / Versauerung durch bipolare Membran-Elektrodialyse* / Ei-Albumin / Schwefeldioxid (SO2) / Selbstanreicherung durch Verdampfung* / Selbstanreicherung durch Umkehrosmose* / Milchsäurebakterien / Bentonit / Kaliumbicarbonat / Kaliumbisulfit / Ammoniumbisulfit / Kalziumcarbonat / Karboximetil-Überwachung Cellulose (CMC) / Cellulosegummi (CMC) / Kaliumkaseinat / Kasein / Önologischer Kohlenstoff / Chitina-Glucan / Chitosan / Kupfercitrat / Fischleim / Thiaminhydrochlorid / Siliziumdioxid (Kieselgel) / Hefeflocken / Elektrodialyse* / Beta-Glucanase-Enzyme / Spontane alkoholische Gärung* / Schnelle Pasteurisierung* / Gelees / Gummi arabisch / Diammoniumphosphat / Weinsteincreme / Aktive Trockenhefe (LSA) / Lysozym / Hefe-Mannoproteine / Proteine pflanzlichen Ursprungs aus Weizen oder Erbsen / Kaliummetabisulfit / Cross-Flow-Mikrofiltration* / Eichenholzspäne / Konzentrierter Most / Rektifizierter konzentrierter Most / Polyvinylpolypyrrolidon (PVPP) / Pektinase-Aktivierungsenzyme / Kationenaustauscher* / Kupfersulfat / Ammoniumsulfat / Önologische Tannine / Neutrales Kaliumtartrat	Zitronensäure / L(+)Weinsäure / L-Ascorbinsäure / Milchsäure/ Metaweinsäure / Ei-Albumin / Selbstanreicherung durch Verdunstung* / Selbstanreicherung durch Umkehrosmose* / Milchsäurebakterien / Bentonit / Kaliumbisulfit / Kaliummetabisulfit / Kaliumbicarbonat / Kalziumcarbonat / Kaliumcaseinat / Kasein / Önologischer Kohlenstoff / Kupfercitrat / Fischleim / Thiaminhydrochlorid / Siliziumdioxid (Kieselgel) / Hefeflocken / Spontane alkoholische Gärung* / Gelees / Gummi arabisch / Diammoniumphosphat / Weinsteincreme / Aktive Trockenhefen (LSA) / Proteine pflanzlichen Ursprungs aus Weizen oder Erbsen / Cross-Flow-Mikrofiltration* / Eichenholzspäne / Konzentrierter Most / Rektifizierter konzentrierter Most / Enzyme zur Pektinase-Aktivierung / Kupfersulfat / Önologische Tannine / Neutrales Kaliumtartrat / Schwefeldioxid (SO2)	Ei-Albumin / Schwefeldioxid (SO2) / Spontane alkoholische Fermentation* / Bentonit / Önologischer Kohlenstoff / Tangentiale Mikrofiltration	Schwefeldioxid (SO2) / Spontane alkoholische Gärung*.

Zusammenfassende Tabelle der detaillierten Analyse, die auf der Website des Institut Français de la vigne et du vin (IFV) verfügbar ist: http://www.vignevin.com/pratiques-oeno/
* Keine Substanzen, sondern önologische Verfahren
** Demeter-Vorschriften.

Wenn es sich bei dem Servieren des Weins um eine Kunstform handelt, so ist er tückischer, wenn es um Naturweine geht. Wenn wir geschickt mit ihm umgehen, wird die Ausdruckskraft des Weins davon profitieren und vor allem werden wir es unseren Gästen ermöglichen, ihn in vollen Zügen zu genießen, ohne Peinlichkeiten, Orientierungslosigkeit und andere Unannehmlichkeiten.
Aber Vorsicht: Es ist nicht möglich, alle Naturweine in einer einzigen „phänomenologischen“ Kategorie zusammenzufassen: Manche von ihnen unterscheiden sich scheinbar kaum von den „konventionellen“, während andere sich sowohl auf visueller, geruchlicher als auch auf geschmacklicher Ebene bis hin zu extremen Unterschieden abheben. Infolgedessen ist es notwendig, das von uns verwendete Etikett gut zu kennen: Noch mehr als bei „konventionellen“ Weinen erzählt jede Naturweinflasche eine einzigartige Geschichte und spiegelt ein Verhalten an sich wider.

Das Aussehen

Viele Naturweine haben eine einzigartige Farbgebung. Oft sind die Weißen in einem intensiveren gelb (auch ohne Mazeration auf den Schalen), und manchmal sind die Roten undurchsichtiger und entwickelter in ihrer Farbgebung (durch eine leichte Oxidation). Diese Eigenschaften können durch die Abwesenheit von Sulfiten noch verstärkt werden. Normalerweise ist es die chromatische Intensität des trockenen Weißen, die den Trinker verwirrt und ihn dazu bringt, einen alten

Wein oder *Passito* (Rosinenlikörwein) zu erwarten. Darüber hinaus können einige Weine, die nicht durch Schwefeldioxid geschützt sind, nach dem Entkorken schnell oxidieren und verdunkeln. Vor allem aber ist es die mögliche Verhüllung des Aspekts – oder eine leichte Trübung – die die meisten Vorurteile beim Trinker hervorruft oder ihn völlig irreführt und ihn dazu bringt, über einen Defekt nachzudenken. Tatsächlich gibt es Naturweine, die weder geklärt noch gefiltert sind und reich an festen, aufschwimmenden Partikeln sind.
Viele Naturweine (insbesondere Rotweine) können auch auf dem Flaschenboden ein mehr oder weniger reichhaltiges Sediment aufweisen, das aus phenolischen Substanzen und manchmal auch aus Mineralien (z.B. Kaliumbitartrat, das bei Kälte natürlich abfällt) besteht. Es ist daher ratsam, die Flasche so schnell wie möglich sorgfältig aufzurichten und zumindest die Absetzung der grobsten Partikel abzuwarten. Um diese manchmal geschmacklich unangenehmen Unannehmlichkeiten zu beseitigen oder zu reduzieren, kann der Wein dekantiert werden.
Eine letzte Vorsichtsmaßnahme bezieht sich auf das mögliche leichte Vorhandensein von Blasen, was auf eine (Wieder-)Gärung in der Flasche hinweisen könnte. Auch in diesem Fall ist es möglich, den Wein vor dem Servieren zu entsorgen, aber meistens genügt es kurz zu warten, bis sich das Kohlendioxid aus dem Glas gelöst hat.

Der Geruchssinn

Der Duft von Naturweinen kann ebenso viele Überraschungen hervorrufen. In diesem Fall sind die möglichen Maßnahmen begrenzt.

Die „Eigenarten“ bestehen im Wesentlichen aus zwei Typen: der unvorhersehbaren Vielfalt der andersartigen Aromen von Naturweinen und ihren vorübergehenden geruchlichen Unvollkommenheiten. Beginnen wir mit dem Letzteren.
Die nicht sehr feinen und nicht sehr klaren Gerüche, die mit der **Reduktion** (d.h. der Übertragung von Sauerstoff und der Aufnahme von Wasserstoff) und/oder der langen Veredelung auf der Feinhefe verbunden sind, erinnern meist an Hinweise auf „Geschlossenes“, verdorbene Luft, nasse Lappen, Staub, Keller usw.. In einigen Grenzfällen kann der Geruch von Schwefel oder faulen Eiern vorhanden sein. In den meisten dieser Fälle reinigt der Kontakt mit der Luft jedoch mehr oder weniger schnell das Geruchsprofil des Weins. Daher ist es wichtig zu wissen, wie sich die einzelnen Etiketten verhalten werden (eine Tatsache, die im Laufe der Zeit variiert). Manchmal genügt eine kurze Sauerstoffzufuhr im Glas, je breiter das Glas ist, desto schneller geht dies. In anderen Fällen „öffnet“ sich der Wein langsamer und zögerlicher: In diesem Fall ist es ratsam ihn rechtzeitig zu dekantieren. Dies ist jedoch oft der klassische Fall, bei dem der Wein einige Stunden oder wenige Tage nach dem Entkorken besser ist. Daher ist es nicht lohnend sich zu beeilen eine Flasche auszutrinken…
Das andere Phänomen, auf das man treffen kann, ist das erhöhte Vorhandensein von **flüchtiger Säure**. Problematischer ist das Vorhandensein von Essigsäure, welches mit den Risiken einer nicht-invasiven Vinifikation verbunden ist. Wenn die Menge wahrnehmbar, aber nicht übermäßig ist, wird die Atmung des Weines alles lösen. Wenn hingegen die flüchtige Säure „übermäßig“ vorhanden ist, stehen wir vor einem unlösbaren oder fast unlösbaren Problem, welches sich durch die

Sauerstoffversorgung sogar verschlimmern könnte. In diesem Fall kann der Wein als fehlerhaft angesehen werden.
Was die flüchtige Säure betrifft, so ist es womöglich entscheidend unsere Toleranz gegenüber diesem geschmacklichen Empfinden zu erläutern. Wir stehen bis zu einem gewissen Grad vor einer kulturellen, hedonistischen und organoleptischen Schwelle: Es gibt nicht zu wenige Verkoster, die sich mit einer relativ hohen flüchtigen Säure vollkommen wohl fühlen – was zudem den Ausdruck von Aromen teilweise intensiviert und der Nase des Weins einen „Schub" verleiht. Andere hingegen tolerieren nicht einmal relativ kleine Mengen.
Die oft ungewöhnliche **Vielfalt der Düfte** ist von ganz unterschiedlicher Natur und konnotiert fast alle Naturweine. Diese Flaschen haben einen starken Charakter durch die aromatische Großzügigkeit reifer und intakter Trauben aus konserviertem Terroir, durch die unverfälschte, natürliche Gärung (mit verschiedenen einheimischen Hefestämmen), durch ihre vielfältige organisch-bakterielle Natur sowie durch eine Vinifikation, die auf standardisierte Zusatzstoffe verzichtet. Das Ergebnis sind „unkonventionelle" Duftspektren, die der kodifizierten Palette önologischer Aromen entgehen, die sich hauptsächlich auf klar definierte fruchtige, blumige und würzige Noten konzentrieren, die leicht vertretbar, aber manchmal wiederholend sind. In diesem Fall kann nicht davon ausgegangen werden, dass es sich um einen Defekt handelt: entscheidend werden die Ausbildung des Verkosters sowie seine Bereitschaft, „politisch inkorrekte" Gerüche zu schätzen.
Gleichzeitig weisen fast alle Naturweine aufgrund ihrer Komplexität und aromatischen Ausprägung im Kontakt mit der Luft eine besondere Tendenz zum Wachstum auf. Die praktische

Handhabung des letztgenannten Elements wird daher für den Ausdruck des Geruchsprofils des Weins von zentraler Bedeutung sein. Wenn die Flasche für eine bestimmte Anzahl von Gästen (nicht mehr als zwei Gläser pro Person) bestimmt ist und daher nicht lange andauert, kann es sinnvoll sein, den Wein unmittelbar nach dem Entkorken zu dekantieren, um den Ausdruck seiner Komplexität zu beschleunigen.
Dies gilt auch für die **Serviertemperatur**. Sehr niedrige Temperaturen erhöhen die Komplexität von Naturweinen kaum: Weißweine verdienen es, um ein paar Grad mehr (11-14°C) verkostet zu werden als „konventionelle" Weißweine, die unter den gleichen Bedingungen ihre Ruhe verlieren würden. Bei Rotweinen ist es jedoch ratsam, nicht mit Wärme zu übertreiben (unter 17 ° C bleibend): Die Feinheit des Bouquets würde sonst beeinträchtigt werden. In jedem Fall erlaubt die Temperatur der Umgebung, in der der Wein verkostet wird, fast immer, eine zu kalt servierte Flüssigkeit schnell zu mildern.

Der Geschmack

Die Besonderheiten, die in der Nase wahrgenommen werden, haben häufig Auswirkungen auf den Geschmack des Weins.
Die Erste dieser Besonderheiten, die im Mund auftaucht, ist in der Regel das mögliche Vorhandensein von Kohlensäuregas. In den meisten Fällen gibt CO_2 dem Wein keinen dauerhaften Defekt, im Gegenteil: Es kann oft die Frische des Weines hervorheben, durch die Unterstützung der Wahrnehmung des Säuregehalts. Wenn die Dosis jedoch zu hoch erscheint oder wenn das Vorhandensein von Kohlendioxid mit der Identität des Weins selbst unvereinbar erscheint, bleibt der Rat immer derselbe: Dekantieren Sie ihn vor dem Servieren. Im letzteren

Fall ist das Gas jedoch wahrscheinlich das Ergebnis einer versehentlichen Gärung in der Flasche, die auch den Geschmack des Weins verändert und ihn nicht immer verbessert.
Über die mögliche Anwesenheit von CO_2 hinaus wird auch das Geschmacksprofil des Naturweins als Ganzes oft mehr oder weniger anders dargestellt als bei einem „konventionellen" Wein. Es ist nicht verwunderlich, dass die Tannine zunächst rau oder aggressiv, eine lebhafte oder sogar scharfe Säure oder ein besonders ausgeprägtes, unberechenbares und originelles Aroma haben. Die Kombination dieser Eigenschaften macht die Besonderheit einer großen Anzahl Naturweine aus. Der Geschmack des Weines verwandelt sich in einer offenen Flasche. Im Falle von Naturwein ist diese Umwandlung sehr oft von Vorteil. Der Duft erhält eine größere Klarheit und Reinheit, die Aromen werden komplexer. Tannine werden allmählich verfeinert (manchmal auf erstaunliche Weise!), die Säure bleibt eine entscheidende Unterstützung für die Trinkbarkeit, wird aber oft anmutiger und würdevoller. Achtung jedoch: In einigen Fällen, insbesondere wenn die Vinifikation ohne Zusatz von Sulfiten stattgefunden hat, erfolgt die Oxidation sogar schneller. Abschließend ist es wichtig, sich beim Servieren eines Naturweins an seine Unberechenbarkeit zu erinnern. Jede Flasche hat ihre eigene Geschichte, auch weil sich die einzelnen Verpackungen innerhalb jeder Charge sehr unterschiedlich entwickeln können, auch innerhalb weniger Monate. Deshalb achten wir so weit wie möglich darauf, optimale Lagerbedingungen in unserem Keller zu schaffen: eine ganzjährig stabile Temperatur (ca. 12-15°C), Dunkelheit, gute Luftfeuchtigkeit (60%), keine Vibrationen und Fremdgerüche, die Flaschen in liegender Position lagernd.

10. Glossar

Beschneiden
Eine Winterarbeit, bei dem einige Zweige der Rebe geschnitten werden, um ihre Entwicklungs- und Produktionskapazität im folgenden Frühjahr/Sommer festzulegen.

Cultivar
Im Weinbau, gleichbedeutend mit „Rebe“.

Dynamisiertes Wasser
Die Dynamisierung ist eine Schlüsselaufgabe in der biodynamischen Praxis. Sie besteht darin, ein Präparat in Wasser (z.B. in einem unterirdischen Kuhhorn gereifter Mist) durch eine elliptische Bewegung aufzulösen, die eine Stunde lang wiederholt und umgekehrt wird. Dieses Mischen sollte vorzugsweise von Hand und in einer offenen Umgebung erfolgen, um den Fluss zwischen dem Wasser und den kosmischen Energien zu erleichtern. Das dynamisierte Wasser wird dann im Weinberg vernebelt, um seine bestätigenden oder therapeutischen Eigenschaften zu entfalten.

Einheimische Hefen
Hefen sind Pilze, die in der Lage sind, die alkoholische Gärung auszulösen und durchzuführen sowie den Most in Wein umzuwandeln. Die einheimischen Hefen sind von Natur aus im Weinberg oder im Keller vorhanden; in diesem Fall erfolgt die Gärung durch die gleichzeitige oder abwechselnde Arbeit verschiedener Hefefamilien, die dem Wein auch eine größere aromatische Komplexität verleihen. Bei den von der Weinindustrie ausgewählten Hefen – den weitaus häufigsten – wird der Vorgang stattdessen mit einem einzigen, aufgrund seiner besonderen Eigenschaften isolierten Stamm durchgeführt.

Empfindliche Kristallisation
Kupferchlorid wird in einer Flüssigkeit (in diesem Fall Traubensaft) gelöst. Diese Verbindung wird in einen Behälter (genannt "Petrischale") gegeben, in dem Feuchtigkeit und Temperatur konstant sind. Je nach Vitalität des zu analysierenden Produktes kristallisiert das Kupfer formlos und ungeordnet oder nach genauen Verzweigungen, bestimmt durch die Lebenskräfte. Der Analytiker wird das Aussehen, die Finesse und die Artikulation der Verbindung bewerten, die ihre Vitalität und damit ihren Gesundheitszustand offenbaren. Es handelt sich also um eine empirische und "ästhetisch-qualitative" Untersuchung.

Flüchtige Säure
Sie wird durch kurzkettige Fettsäuren (Essigsäure, Ameisensäure, Propionsäure, Buttersäure) bestimmt, ist für die Umwandlung von Wein in Essig verantwortlich und ist aus önologischer Sicht ein Symptom von Krankheiten oder Defekten. Aus organoleptischer Sicht fördert ihr Vorhandensein in kleinen Mengen (ca. 0,7-0,8 g/l) jedoch den höheren Geruchsausdruck des Weins.

Homöopathische Präparate (Homöopathie)
Die Homöopathie ist ein therapeutischer Ansatz, der die Krankheit mit einer Substanz behandelt, die in der Lage ist, in einem gesunden Körper die gleichen Symptome wie die Krankheit zu erzeugen. Diese Substanz, die in winzigen Dosen nach genauen mathematischen Zyklen verdünnt wird, wird dem kranken Organismus (Tier oder Pflanze) verabreicht, der darin den Vektor seines eigenen Übels erkennt und so zur Heilung angeregt wird.

Klone
Es handelt sich um Kopien einer einzelnen Pflanze, die künstlich durch klonale Selektion (Vermehrung der Knospen eines

einzelnen Stammes) gewonnen werden. Die überwiegende Mehrheit der angebauten Reben sind Klone (also genetisch identisch), auch wenn jede verfügbare Rebsorte im Allgemeinen mehrere Klone auf dem Markt hat. Die Alternative zum Klonen ist die Massenselektion, die auf einer einfachen empirischen Beobachtung der Sorten basiert, um die Besten zu reproduzieren und so die Biodiversität im Weinberg zu erhöhen.

Phytopharmaka
Eine Chemikalie, die in den biologischen Zyklus der Pflanze eingreift, um ihre Produktion zu erhöhen oder eine Krankheit auszurotten. Die meisten Pflanzenschutzmittel haben jedoch toxische oder schädliche Nebenwirkungen.

Präparat/ Zubereitung (biodynamisch)
In der Biodynamik werden verschiedene Arten von Präparaten verwendet, von „Hornmist", genannt 500 (Tierdung, der in einem monatelang nach einem genauen Kalender vergrabenen Kuhhorn gereift ist), über „Silica-Horn", genannt 501 (auf Quarzbasis), bis hin zu 507 (auf Baldrianbasis). Diese oft synergistischen Produkte müssen dynamisiert und dann auf den Boden oder auf Pflanzen gestreut werden (siehe dynamisiertes Wasser).

Rebe
Vielfalt der angebauten Trauben. Die Barbera, der Riesling, der Cabernet Sauvignon oder Fiano sind Reben. Synonyme: *cultivar*.

Terroir
Ein französischer Begriff für ein begrenztes ländliches Gebiet, das aufgrund der Besonderheit seines Bodens, Untergrundes, der Lage, des Klimas und Mikroklimas berücksichtigt wird. In Frankreich umfasst dieses Wort manchmal auch die landwirtschaftlichen Gewohnheiten und Traditionen der Bevölkerung, die in Bezug auf die Besonderheiten des Ortes ausgearbeitet wurden.

Unterlage
Sie ist der Teil der Pflanze, der die Veredelung erhält. Im Weinbau ist es der Stamm mit Wurzeln, in den der Stamm einer anderen Rebsorte eingesetzt wird, die die Früchte tragen soll. Die Verwendung verschiedener Arten von Unterlagen – amerikanischer Herkunft – war ab Ende des 19. Jahrhunderts notwendig, um der Reblaus zu widerstehen, einem Parasiten, der europäische Reben vernichtete (bekannt im ital. als *piede franco,* dt. „Freifuß").

Weinberg
Parzelle, die mit Weinreben bebaut ist. Nicht zu verwechseln mit „Rebe".

Inhaltsverzeichnis

Samuel Cogliati

Naturweine-eine Definition

Deutsche Ausgabe herausgegeben
von neontoaster craftwines distribution
(multimedia@neontoaster.de)
unter der redaktionellen Lizenz
von Possibilia Editore di Samuel Cogliati
(www.possibiliaeditore.eu),
Inhaber aller Rechte des Werks.
Titel der italienischen Originalausgabe:
„Vini naturali – Che cosa sono?"

Umschlaggestaltung, Illustration: Alessandro Denni & Roberta Denni
Lektorat, Übersetzung: Giulia De Pascale & Cosima Kroll-Hendricks

neontoaster multimedia dept. 02